भारत की होली

Bhaarat kee Holee

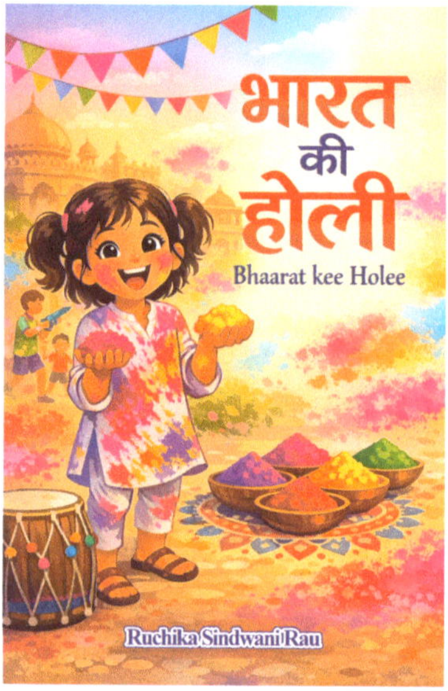

Website: https://www.hindimadeeasy.co.uk/

Holee, a festival of colours!!!
Have you ever celebrated Holee in India?
Do you know how do the children in India celebrate this festival?
In this story a 6-year-old girl is celebrating her Holee first time in India.
So let's see how do they celebrate this festival.
Let's get started!!!

मार्च का महीना था। चारु की ईस्टर की छुट्टियां थीं इसलिए वह अपनी माँ के साथ भारत गयी थी।

March kaa maheenaa thaa. Chaaru kee Easter kee chhutiyaa thee isliye vah apnee maa ke saath bhaarat gayee thee.

वहाँ थोड़ी थोड़ी धूप और कुछ ठंडी हवा चल रही थी।चारों तरफ़ सुन्दर फूल खिले हुए थे। चारु अपनी माँ से बोली ''माँ कितना अच्छा मौसम है। चलो हम दोनों बाहर पार्क में चलते हैं।"

Wahaan thodee thodee dhoop aur kuchh thandee havaa chal rahee thee. Chaaron taraf sundar phool khile hue the. Chaaru apnee maa se bolee, “maa kitnaa achchhaa mausam hai. Chalo ham dono baahar paark mei chalte hain.”

दोनों जल्दी से तैयार हुए और पार्क जाने लगे। घर से निकलते ही चारु ने देखा कुछ बच्चे मुँह पर लाल, नारंगी और काला रंग लगा कर घूम रहे थे। उसे लगा बच्चों ने फेस पेंट करवाया है।

Dono jaldee se taiyaar hue aur paark jaane lage. Ghar se nikalte hee chaaru ne dekhaa kuchh bachche muh par laal, naarangee aur kaalaa rang lagaa kar ghoom rahe the. Use lagaa bachcho ne face paint karwaayaa hai.

वह अपनी माँ से पूछने लगी ''ये बच्चे फ़ेस पेंट कहाँ से करवा कर आ रहे हैं? मुझे भी करवाना है।" माँ चारु की बात सुनते ही ज़ोर से हंसने लगी। चारु माँ से नाराज़ हो गयी ।

Vah apnee maa se poochhne lagee "ye bachche face paint kahaan se karwaa kar aa rahe hain? Mujhey bhee karwaanaa hai." Maa chaaru kee baat sunte hee zor se hasne lagee.

Chaaru maa se naaraaz ho gaee.

तब माँ चारु से बोली ''चारु यह फ़ेस पेंट नहीं है।अगले हफ़्ते होली का त्यौहार है और सब बच्चे अभी से होली की तैयारियां कर रहे हैं।" चारु पहले कभी होली के समय भारत नहीं गयी थी। इसलिए उसे पता ही नहीं था होली कैसे मनाते हैं।

Tab maa chaaru se bolee “chaaru yah face paint nahee hai. Agle hafte holee kaa tyohaar hai aur sab bachche abhee se holee kee taiyaariyaa kar rahe hain.” Chaaru pahle kabhee holee ke samay bhaarat nahee gayee thee. isliye use pataa hee nahee thaa holee kaise manaate hain.

होली से एक दिन पहले चारु अपनी मौसी के घर चली गयी।वहाँ होली की बहुत सी तैयारियां हो रही थीं। रसोई में उसकी मौसी सब के लिए गुजिया, दही बड़े और मठरी जैसे स्वादिष्ट पकवान बना रही थी।

Holee se ek din pahle chaaru apanee mausee ke ghar chalee gayee. Wahaan holee kee bahut see taiyaariyaan ho rahee thee. Rasoee mei uskee mausee sab ke liye gujiyaa, dahee bade aur matharee jaise swaadisht pakvaan banaa rahee thee.

वहीं दूसरी तरफ़ उसके भाई-बहिन बड़ी पिचकारी और बहुत सारे रंग खरीद कर लाये थे। वे सब अपने घर की छत से लोगों पर पिचकारी से पानी फेंकेंगे, पानी से भरे गुब्बारे फेंकेंगे और आपस में एक दूसरे को रंग लगाएंगे।

Wahee doosree taraf uske bhaaee bahin badee pichkaaree aur bahut saare rang khareed kar laye the. ve sab apne ghar kee chhat se logon par pichkaree se paanee phenkenge, paanee se bhare gubbaare phenkenge aur aapas mei ek doosre ko rang lagaayenge.

चारु ने ऐसी होली पहले कभी नहीं खेली थी। होली के दिन सब बच्चे सुबह जल्दी उठ कर गुब्बारों में पानी भरने लगे। सब ने जल्दी से पूजा करी, भगवान को रंग लगाया, गुजिया का भोग लगाया और फिर सब ने एक दूसरे को रंग लगाया।

Chaaru ne aisee holee pahale kabhee nahee khelee thee. Holee ke din sab bachche subah jaldee uth kar gubbaaron mei paanee bharane lage. Sab ne jaldee se poojaa karee, bhagawaan ko rang lagaayaa, gujiyaa kaa bhog lagaayaa aur phir sab ne ek doosre ko rang lagaayaa.

इसके बाद सब चारु को लेकर ऊपर छत पर चले गए और आते-जाते लोगों पर खूब गुब्बारे फेंके। सब बड़े लोग भी बच्चों के साथ होली खेलने लगे।

Iske baad sab chaaru ko lekar oopar chhat par chale gae aur aate-jaate logon par khoob gubbaare phenke. sab bade log bhee bachchon ke saath holee khelne lage.

पानी और गुब्बारों के साथ होली खेलने पर चारु को बहुत मज़ा आया। उसने खूब रंग खेला और स्वादिष्ट खाना भी खाया। शाम होते होते सब बच्चे बहुत थक गए थे।

Paanee aur gubbaaron ke saath holee khelane par Chaaru ko bahut mazaa aayaa. Usne khoob rang khelaa aur swaadisht khaanaa bhee khaayaa. Shaam hote hote sab bachche bahut thak gaye the.

चारु अपनी माँ से बोली '' माँ आज मुझे बहुत मज़ा आया और होली मेरा मनपसंद त्यौहार है. हम हर साल होली खेलने भारत आएंगे।'' ऐसा कह कर चारु ने खुशी से अपनी माँ को गले लगाया और उसके पास सो गयी।

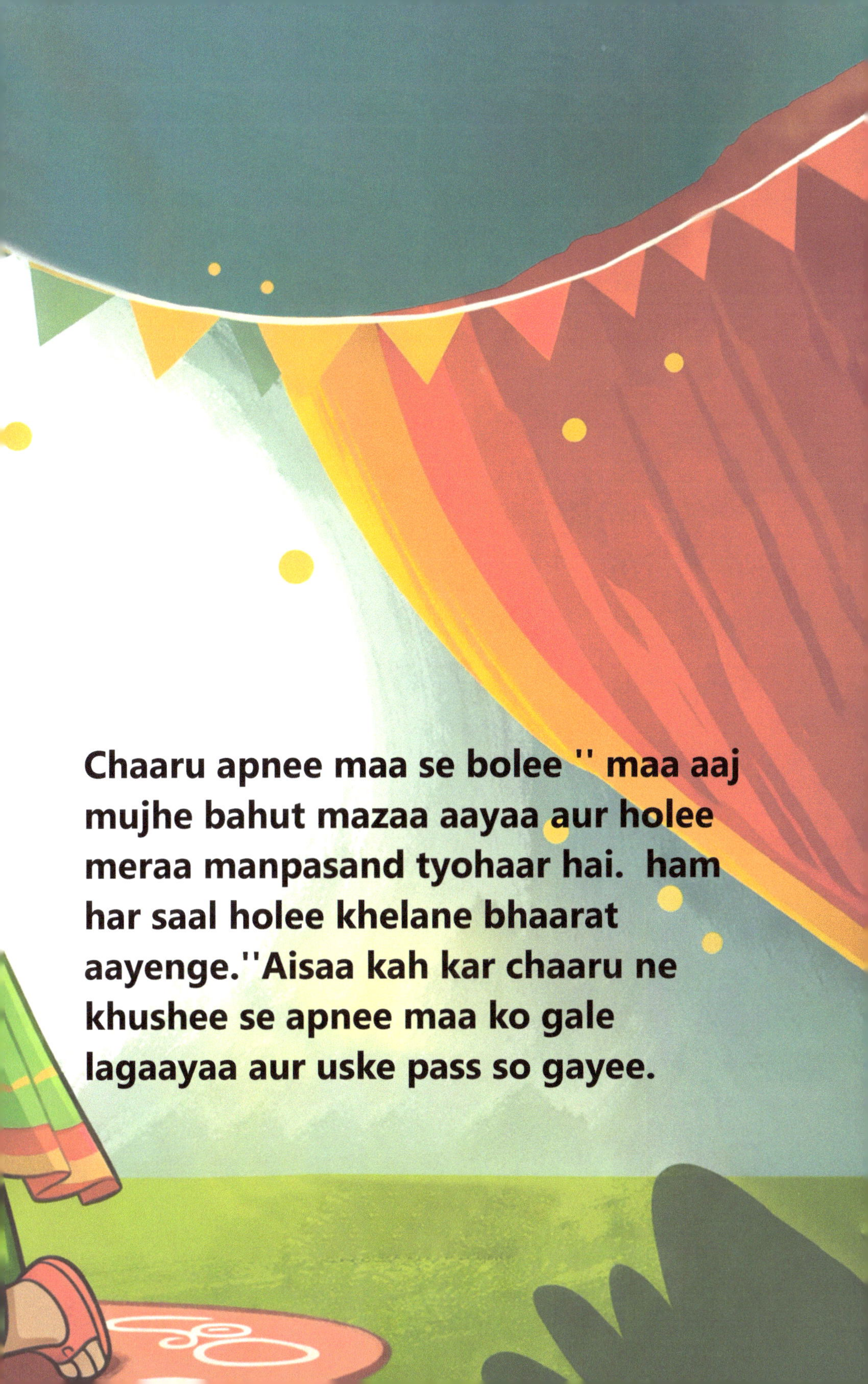

Chaaru apnee maa se bolee '' maa aaj mujhe bahut mazaa aayaa aur holee meraa manpasand tyohaar hai. ham har saal holee khelane bhaarat aayenge.''Aisaa kah kar chaaru ne khushee se apnee maa ko gale lagaayaa aur uske pass so gayee.

Now it's time to learn some new Hindi words

India- भारत bhaarat

Colours- रंग rang

Festival- त्यौहार tyohaar

Holidays- छुट्टियां chhutiyaa

Water gun- पचिकारी pichkaaree

Balloons- गुब्बारे gubbaare

God- भगवान Bhagawaan

Morning- सुबह subah

Evening- शाम shaam

Favourite- मनपसंद manpasand

www.ingramcontent.com/pod-product-compliance
Lightning Source LLC
LaVergne TN
LVHW071355071026
849558LV00074B/477

* 9 7 8 1 9 1 7 8 4 6 3 6 3 *